requiem

ANNA AKHMATOVA

requiem

traduit du russe par Paul Valet

LES ÉDITIONS DE MINUIT

ISBN : 978-2-7073-0206-9

Il est dur d'être poète. Mais pour elle, c'était encore plus dur. Certes, il y avait sa jeunesse de Tsarkoïé Sélo, ce Versailles russe, raffiné, facile, subtil et brumeux, tout près de la Baltique, si différente de la mer Noire, au bord de laquelle elle était née (*). Certes, il y avait ses premières rencontres et amitiés avec des poètes de la « Belle Epoque », il y avait ses premières amours, et aussi ses premières plaquettes de poèmes : tendres, lyriques, mystérieux, un peu « pouchkiniens », mais déjà très personnels, couverts d'un léger voile de deuils à venir. La Grande Guerre approchait. *En une heure de temps, nous avons vieilli de cents ans*, écrit-elle le 1er août 1914 (**), jour où l'Allemagne déclarait la guerre à la Russie. Ainsi donc, cette poétesse, d'inspiration sentimentale, appelée, apparemment, à ne chanter que les imperceptibles mouvements de l'âme féminine, la nature, l'amour et la nostalgie d'un bonheur toujours fuyant, est confrontée avec la terrible réalité. Et cette réalité ter-

(*) Anna Andriéevna Gorenko, qui a choisi pour pseudonyme le nom de sa grand-mère tartare Akhmatova, est née le 11 juin 1889 près d'Odessa.

(**) Le 19 juillet d'après l'ancien calendrier russe.

rible (qui est peut-être l'essence même du XXe siècle) est entrée au plus profond de son cœur de femme et de poétesse. Elle ne s'en délivrera plus jamais. Il est sans doute étrange, pour un observateur occidental, de voir cette femme de vingt-cinq ans, belle et séduisante, *la préférée de ses amis,* comme elle le dit elle-même, *la gaie pécheresse de Tsarskoïé Sélo,* faite pour des plaisirs mondains, pour des amours et aussi pour la gloire littéraire (déjà presque acquise), échapper à toutes ces contingences pour assumer un tout autre destin... qui était bien le sien. Il est permis de croire que c'était la souffrance de son peuple qui ait opéré ce changement en elle. Mais le terrain s'y est prêté. Profondément enracinée dans la réalité matérielle et spirituelle russe, elle se sentira désormais solidaire du destin des autres et de tout ce qui se déroulera autour d'elle. En 1916, elle compose ces deux vers qui définissent sa nature profonde :

Et la conscience de plus en plus terrible
Sévit. Elle exige un énorme tribut.

Cette « conscience terrible », qu'elle a hérité du meilleur de l' « intelligentsia » russe du XIXe siècle, lui dictera le chemin à suivre, aussi bien dans sa vie que dans sa poésie. Quand la révolution d'Octobre éclate, ses amis se dispersent, ou se terrent, ou se rallient, avec ou sans conviction, au nouveau régime, ou passent à l'étranger (il était alors si facile, si tentant de partir !). Anna Akhmatova, elle, reste, hausse ses épaules (couvertes de son légendaire châle parsemé de roses écarlates) et écrit :

J'ai entendu une voix consolante
Qui me disait : « viens, viens ici,
Quitte ton pays sauvage, coupable,
A tout jamais quitte la Russie.
Je laverai le sang de tes mains,
Et la honte de ton cœur, j'arracherai.
D'un nom nouveau je te couvrirai
Et tes défaites et tes offenses. »
Mais, indifférente et sereine,
J'ai bouché mes oreilles de mes mains,
Pour empêcher ses paroles indignes
De souiller mon âme affligée.

Son destin ainsi réaffirmé, les événements suivent leur cours inexorable. En 1921, son premier mari, Nicolas Goumilev, est fusillé pour activités anti-soviétiques. Après son exécution, Akhmatova est contrainte de se taire pendant presque vingt ans. A l'exception de quelques études sur Pouchkine et de quelques traductions, elle ne peut pratiquement rien publier. En 1938, en pleine « Iéjovchtchina » (*), on arrête son fils unique, Lev Goumilev, sans doute parce qu'il portait le nom de son père. Commencent alors, pour Akhmatova, des semaines, des mois, des années de cauchemar, dont son *Requiem* porte les stigmates. Mais elle se ressaisit. En 1940, elle réussit à publier un choix de ses anciens poèmes, ainsi qu'une suite de textes inédits. La Seconde Guerre mondiale la surprend à Léningrad, sa ville préférée, ville affamée, assiégée, bombardée

(*) De Iéjov, le commissaire du peuple à l'intérieur dont le nom est resté associé aux grandes épurations et déportations.

jour et nuit. Elle y demeure, calme et courageuse, en décrivant dans ses poèmes de guerre la profonde détresse du peuple russe, ainsi que sa force de résistance. Evacuée à Tachkent, elle continue à partager l'épopée de son peuple. De cette époque désespérée, nous avons d'elle un poème plein de lumière et de puissance, *L'Offensive* (1942), présage d'une victoire lointaine, mais certaine. Ses poèmes patriotiques ont alors un immense retentissement en Russie combattante.

La victoire, si chèrement acquise, vient enfin. Mais en 1946 s'installe en U. R. S. S. la « Jdanovchtchina » (*), avec de nouvelles persécutions. On passe au crible la poésie d'Akhmatova. On y découvre un certain « occidentalisme », étranger à l'esprit « soviétique ». On la chasse de l'Union des écrivains soviétiques, ce qui la prive pratiquement du droit de publier ses livres. En 1956, son fils, après une détention de presque vingt ans, est enfin libéré, à la suite d'interminables démarches de sa mère. Mais la conscience d'Akhmatova, sa *terrible conscience,* n'est point apaisée, loin de là. Elle continue à *sévir,* elle exige son dû, elle exige toujours cet énorme tribut prédit et décrit dès l'année 1916. Elle sent qu'il appartient à tout le peuple russe, *au peuple de cent millions d'âmes,* de crier sa détresse, par sa bouche à elle, Anna Akhmatova. C'est cela son destin, c'est cela son *Requiem,* poème unique dans l'histoire russe, poème épique d'un grand peuple martyr.

Paul VALET.

(*) De Jdanov, le grand inquisiteur de l'art russe après la guerre.

Ces poèmes qui forment le Requiem *et dont on lira ici la traduction, s'échelonnent entre les années 1930 et 1957. A l'exception du poème « Le Verdict » (publié sans titre en 1961), ils n'ont jamais été jusqu'à présent édités en U. R. S. S. Le* Requiem *a paru en langue russe, en décembre 1963, à Munich, par les soins de Tovarichtchestvo Zaroubiejnick Pissatielieï. Le livre est précédé de l'avertissement suivant :*

« Cette suite de poèmes nous est parvenue de Russie et nous la publions à l'insu de l'Auteur et sans son consentement. »

P. V.

Нет, и не под чуждым небосводом,
И не под защитой чуждых крыл, —
Я была тогда с моим народом,
Там, где мой народ, к несчастью, был.

Non, ce n'est pas sous un ciel étranger,
A l'abri des ailes étrangères que j'étais,
Mais au milieu de mon peuple,
Là où, pour son malheur, mon peuple était.

ВМЕСТО ПРЕДИСЛОВИЯ

В страшные годы ежовщины я провела семнадцать месяцев в тюремных огередях в Ленинграде. Как-то раз кто-то «опознал» меня. Тогда стоящая за мной женщина с голубыми губами, которая, конегно, никогда не слыхала моего имени, огнулась от свойственного нам всем оцепенения и спросила меня на ухо (там все говорили шепотом):

— А это вы можете описать?

И я сказала:

— Могу.

Тогда гто-то вроде улыбки скользнуло по тому, гто некогда было ее лицом.

1 апреля 1957 года.
Ленинград.

EN GUISE DE PREFACE

Dans les années terribles de la « Iéjovchtchina », j'ai passé dix-sept mois à faire la queue devant les prisons de Léningrad. Un jour, quelqu'un a cru m'y reconnaître. Alors, une femme aux lèvres bleuâtres qui était derrière moi et à qui mon nom ne disait rien, sortit de cette torpeur qui nous était coutumière et me demanda à l'oreille (là-bas, on ne parlait qu'en chuchotant) :

— Et cela, pourriez-vous le décrire ?

Et je répondis :

— Oui, je le peux.

Alors, une espèce de sourire glissa sur ce qui avait été jadis son visage.

1er avril 1957.
Léningrad.

ПОСВЯЩЕНИЕ

Перед этим горем гнутся горы,
Не течет великая река,
Но крепки тюремные затворы,
А за ними «каторжные норы»
И смертельная тоска.
Для кого-то веет ветер свежий,
Для кого-то нежится закат —
Мы не знаем, мы повсюду те же,
Слышим лишь ключей постылый скрежет
Да шаги тяжелые солдат.
Подымались как к обедне ранней,
По столице одичалой шли,
Там встречались, мертвых бездыханней,
Солнце ниже и Нева туманней,
А надежда все поет вдали.
Приговор... И сразу слезы хлынут,
Ото всех уже отделена,
Словно с болью жизнь из сердца вынут,
Словно грубо навзничь опрокинут,
Но идет... Шатается... Одна...
Где теперь невольные подруги
Двух моих осатанелых лет?
Что им чудится в сибирской вьюге,
Что мерещится им в лунном круге?
Им я шлю прощальный свой привет.

Март 1940.

DEDICACE

Devant ce malheur les montagnes se courbent
Et le grand fleuve cesse de couler.
Puissants sont les verrous des geôles,
Et derrière, il y a les trous du bagne
Et la tristesse mortelle.
C'est pour les autres que souffle la brise fraîche,
C'est pour les autres que s'attendrit le crépuscule —
Nous n'en savons rien, nous sommes partout les mêmes,
Nous n'entendons plus rien
Hormis l'odieux grincement des clefs
Et les pas lourds des soldats.
Nous nous levions comme pour les matines,
Dans la Capitale ensauvagée nous marchions,
Pour nous retrouver plus inanimées que les morts.
Voici le soleil plus bas, la Néva plus brumeuse
Et l'espoir nous chante au loin, au loin.
Le verdict... D'un coup jaillissent des larmes.
Déjà elle est retranchée du monde,
Comme si de son cœur on avait arraché la vie,
Ou comme si elle était tombée à la renverse.
Pourtant elle marche... titube... solitaire...
Où sont à présent les compagnes d'infortune
De mes deux années d'épouvante ?
Que voient-elles dans la bourrasque sibérienne,
A quoi rêvent-elles sous le cercle lunaire ?
Je leur envoie mon dernier salut.

Mars 1940.

ВСТУПЛЕНИЕ

Это было, когда улыбался
Только мертвый, спокойствию рад.
И ненужным привеском качался
Возле тюрем своих Ленинград.
И когда, обезумев от муки,
Шли уже осужденных полки,
И короткую песню разлуки
Паровозные пели гудки.
Звезды смерти стояли над нами,
И безвинная корчилась Русь
Под кровавыми сапогами
И под шинами черных марусь.

INTRODUCTION

Il fut un temps où ne souriait
Que le cadavre heureux de son repos.
Comme un vain appendice, se balançait
Léningrad, près de ses prisons.
Et quand, fous de souffrance,
Partaient des régiments de condamnés,
Les locomotives leur chantaient
Le bref chant d'adieu.
Les étoiles de la mort planaient sur nous.
La Russie innocente se tordait de douleur,
Sous les bottes ensanglantées,
Sous les pneus des noirs fourgons cellulaires.

1

Уводили тебя на рассвете,
За тобой, как на выносе, шла,
В темной горнице плакали дети,
У божницы свеча оплыла.
На губах твоих холод иконки.
Смертный пот на челе не забыть.
Буду я, как стрелецкие женки,
Под кремлевскими башнями выть.

1935.

1

C'est à l'aube qu'on est venu t'emmener.
Comme à la levée d'un corps, je te suivais.
Dans la chambre obscure, les enfants sanglotaient.
Dans le coin des icones, le cierge a coulé.
Sur tes lèvres, le froid d'une médaille.
Sur ton front, la sueur d'agonie. Ne pas l'oublier.
J'irai moi, comme les femmes des streltsys (*),
Hurler sous les tours du Kremlin.

1935.

(*) Corps d'élite de l'armée moscovite, dont les chefs furent exterminés par Pierre le Grand lors du soulèvement de 1698. Le tsar Pierre le Grand en personne assistait et participait aux exécutions. (N. d. T.)

2

Тихо льется тихий Дон,
Желтый месяц входит в дом,

Входит в шапке набекрень,
Видит желтый месяц тень.

Эта женщина больна,
Эта женщина одна,

Муж в могиле, сын в тюрьме,
Помолитесь обо мне.

2

Silencieusement s'écoule le Don,
La lune jaune entre dans la maison,

Son bonnet de travers,
La lune jaune voit une ombre.

Cette femme est malade,
Cette femme est seule,

Fils en prison, mari dans la tombe,
Priez pour moi.

3

Нет, это не я, это кто-то другой страдает.
Я бы так не могла, а то, что случилось,
Пусть черные сукна покроют,
И пусть унесут фонари. . .
Ночь.

3

Non, ce n'est pas moi, c'est quelqu'un d'autre qui
[souffre.
Souffrir ainsi, je ne l'aurais pas pu. Et que les draps
[noirs recouvrent
Ce qui est arrivé.
Et qu'on emporte les lanternes...

Il fait nuit.

4

Показать бы тебе, насмешнице
И любимице всех друзей,
Царскосельской веселой грешнице,
Что случится с жизнью твоей —
Как трехсотая, с передачею,
Под Крестами будешь стоять
И своей слезою горячею
Новогодний лед прожигать.
Там тюремный тополь качается,
И ни звука — а сколько там
Неповинных жизней кончается...

4

Si l'on t'avait montré, persifleuse,
Préférée de tes amis,
Pécheresse gaie de Tsarskoïe Sélo,
Ce qui en serait de ta vie —
Alors que, trois centième, colis à la main,
Debout sous « Les Croix » (*),
Avec tes larmes brûlantes
Tu fondras la glace de l'an nouveau.
Là-bas, le peuplier de la prison se balance.
On n'entend rien. Combien de vies innocentes
S'achèvent là-bas...

(*) Nom de la prison de Léningrad.

5

Семнадцать месяцев кричу,
Зову тебя домой.
Кидалась в ноги палачу,
Ты сын и ужас мой.
Все перепуталось навек,
И мне не разобрать
Теперь, кто зверь, кто человек,
И долго ль казни ждать.
И только пыльные цветы,
И звон кадильный, и следы
Куда-то в никуда.
И прямо мне в глаза глядит
И скорой гибелью грозит
Огромная звезда.

5

Dix-sept mois je crie
Et je t'appelle à la maison.
Aux pieds du bourreau, je me jetais,
Mon fils et mon horreur !
A tout jamais, tout s'embrouilla.
Maintenant, je ne peux plus distinguer
Où est la bête et où est l'homme.
Combien de temps dois-je attendre l'exécution ?
Il y a seulement des fleurs poussiéreuses
Et le tintement de l'encensoir ; il y a des traces
Quelque part, qui ne vont nulle part.
Et droit dans les yeux, me regarde,
Avec menace d'une mort prochaine,
Une étoile énorme.

6

Легкие летят недели,
Что случилось, не пойму.
Как тебе, сынок, в тюрьму
Ночи белые глядели,
Как они опять глядят
Ястребиным жарким оком,
О твоем кресте высоком
И о смерти говорят.

1939.

6

Les semaines légères s'en vont,
Et je ne puis comprendre ce qui est arrivé,
Comment ces nuits blanches, mon garçon,
Te regardaient dans la prison,
Et te regardent à nouveau
De leurs brûlants yeux d'épervier,
Et te parlent de la mort
Et de ta haute croix.

1939.

7

ПРИГОВОР

И упало каменное слово
На мою еще живую грудь.
Ничего, ведь я была готова,
Справлюсь с этим как-нибудь.

У меня сегодня много дела:
Надо память до конца убить,
Надо, чтоб душа окаменела,
Надо снова научиться жить.

А не то... Горячий шелест лета,
Словно праздник за моим окном.
Я давно предчувствовала этот
Светлый день и опустелый дом.

1939. Лето.

7

LE VERDICT

Et la parole de pierre tomba
Sur mon sein encore vivant.
Ce n'est rien. J'étais préparée.
De toute façon, je m'y ferai.

Aujourd'hui, j'ai beaucoup à faire ;
Il faut que je tue ma mémoire jusqu'au bout,
Il faut que l'âme devienne comme de la pierre.
Revivre, il faut que je l'apprenne.

Sinon... Le chaud bruissement d'été
Est comme une fête derrière ma fenêtre.
Depuis longtemps je pressentais
Ce jour si clair et la maison déserte.

Eté 1939.

8

К СМЕРТИ

Ты все равно придешь — зачем же не теперь?
Я жду тебя — мне очень трудно.
Я потушила свет и отворила дверь
Тебе, такой простой и чудной.
Прими для этого какой угодно вид,
Ворвись отравленным снарядом
Иль с гирькой подкрадись, как опытный бандит,
Иль отрави тифозным чадом.
Иль сказочкой, придуманной тобой
И всем до тошноты знакомой, —
Чтоб я увидела верх шапки голубой
И бледного от страха управдома.
Мне все равно теперь. Клубится Енисей,
Звезда полярная сияет.
И синий блеск возлюбленных очей
Последний ужас застилает.

19 августа 1939.
Фонтанный Дом.

8

A LA MORT

Quoi qu'on fasse, tu arriveras. Pourquoi pas mainte-
[nant ?
Car je t'attends — la vie m'est difficile.
J'éteins la lampe et j'ouvre la porte
A toi, si simple, si merveilleuse.
Prends le visage que tu voudras :
Pénètre comme un obus empoisonné,
Ou sournoisement comme un bandit adroit,
Ou comme le typhus délétère,
Ou comme une fable créée par toi
Et connue par tous jusqu'à la nauseé —
Pour que je revoie le haut d'un bonnet bleu (*)
Et le concierge blême d'effroi.
Maintenant tout m'est égal. Le Yénisséï tourbillonne.
Brille l'étoile Polaire.
L'éclat bleu des yeux que j'aime
Recouvre l'épouvante, la dernière.

19 août 1939.
Maison de la Fontanka.

(*) Couleur de l'uniforme des agents du N. K. V. D.

9

Уже безумие крылом
Души закрыло половину,
И поит огненным вином
И манит в черную долину

И поняла я, что ему
Должна я уступить победу,
Прислушиваясь к своему
Уже как бы чужому бреду.

И не позволит ничего
Оно мне унести с собою
(Как ни упрашивай его
И как ни докучай мольбою):

Ни сына страшные глаза —
Окаменелое страданье,
Ни день, когда пришла гроза,
Ни час тюремного свиданья,

Ни милую прохладу рук,
Ни лип взволнованные тени,
Ни отдаленный легкий звук —
Слова последних утешений.

4 мая 1940.
Фонтанный Дом.

9

Et la folie, avec son aile
Recouvre déjà la moitié de l'âme.
Elle m'abreuve de son vin enflammé,
Elle m'attire dans la noire vallée.

Et j'ai compris
Que je devais capituler,
En écoutant mon propre délire
Comme s'il était celui d'une autre.

Et désormais il m'empêchera
De ne rien emporter avec moi
(Malgré mes prières répétées
Et d'importunes supplications) :

Ni le regard terrible du fils,
Plein de souffrance pétrifiée,
Ni le jour où l'orage éclata,
Ni l'heure des visites en prison,

Ni la fraîcheur des douces mains,
Ni l'ombre frissonnante des tilleuls,
Ni l'écho lointain et léger
Des dernières consolations.

4 mai 1940.
Maison de la Fontanka.

10

РАСПЯТИЕ

«Не рыдай Мене, Мати,
во гробе сущу».

I

Хор ангелов великий час восславил,
И небеса расплавились в огне.
Отцу сказал: «Почто Меня оставил!»
А Матери: «О, не рыдай Мене. . .»

II

Магдалина билась и рыдала,
Ученик любимый каменел,
А туда, где молча Мать стояла,
Так никто взглянуть и не посмел.

1940-1943.

10

CRUCIFIXION

« Ne pleure pas sur Moi, Mère,
dans la tombe, Je Suis. » (*)

I

Le chœur des anges a glorifié cette heure si grande,
Et le feu dévora les cieux.
Il dit au Père : « Pourquoi M'as-Tu abandonné ! »
Et à la Mère : « O ne pleure pas sur Moi »...

II

Madeleine se débattait et sanglotait,
Et le disciple le plus aimé fut pétrifié.
Mais là où, silencieuse, était la Mère,
Personne n'osa lever les yeux.

1940-1943.

(*) Traduit du slavon. (N. d. T.)

I

ЭПИЛОГ

Узнала я, как опадают лица,
Как из-под век выглядывает страх,
Как клинописи жесткие страницы
Страдание выводит на щеках,
Как локоны из пепельных и черных
Серебряными делаются вдруг,
Улыбка вянет на губах покорных,
И в сухоньком смешке дрожит испуг.
И я молюсь не о себе одной,
А обо всех, кто там стоял со мною,
И в лютый холод, и в июльский зной,
Под красною ослепшею стеною.

I

EPILOGUE

Et j'ai appris comment s'effondrent les visages,
Sous les paupières, comment émerge l'angoisse,
Et la douleur se grave sur les tablettes des joues,
Semblables aux pages rugueuses des signes cunéiformes ;
Comment les boucles noires ou les boucles cendrées
Deviennent, en un clin d'œil, argentées,
Comment le rire se fane sur des lèvres soumises,
Et, dans un petit rire sec, comment tremble la frayeur.
Et je prie Dieu, mais ce n'est pas pour moi seulement,
Mais pour tous ceux qui partageaient mon sort,
Dans le froid féroce, dans le juillet torride,
Devant le mur rouge devenu aveugle.

II

Опять поминальный приблизился час.
Я вижу, я слышу, я чувствую вас:

И ту, что едва до конца довели,
И ту, что родимой не топчет земли,

И ту, что, красивой тряхнув головой,
Сказала: «Сюда прихожу, как домой».

Хотелось бы всех поименно назвать,
Да отняли список, и негде узнать.

Для них соткала я широкий покров
Из бедных, у них же подслушанных слов.

О них вспоминаю всегда и везде,
О них не забуду и в новой беде,

И если зажмут мой измученный рот,
Которым кричит стомильонный народ,

Пусть так же они поминают меня
В канун моего поминального дня.

II

Le Jour des Morts de nouveau s'approcha,
Je vous sens et vois et j'entends près de moi :

Et celle qu'à grand-peine on traîna jusqu'au bout,
Et celle qui ne foule plus la terre natale,

Et celle qui, secouant son visage si beau,
S'écria : « J'arrive dans ce lieu, comme à la maison ! »

Je voudrais les appeler toutes par leur nom,
Mais on a enlevé la liste, et où me renseigner ?

Pour elles, j'ai tissé un large drap mortuaire,
Avec leurs propres paroles de misère.

A elles je penserai toujours et partout,
Et dans le nouveau malheur, je m'en souviendrai.

Et si l'on bâillonne ma bouche fatiguée
Par laquelle crie un peuple de cent millions d'âmes,

Que de même à leur tour elles pensent à moi
A la veille du jour où l'on m'évoquera.

А если когда-нибудь в этой стране
Воздвигнуть задумают памятник мне,

Согласье на это даю торжество,
Но только с условьем — не ставить его

Ни около моря, где я родилась:
Последняя с морем разорвана связь,

Ни в царском саду у заветного пня,
Где тень безутешная ищет меня,

А здесь, где стояла я триста часов
И где для меня не открыли засов.

Затем, что и в смерти блаженной боюсь
Забыть громыхание черных марусь,

Забыть, как постылая хлопала дверь
И выла старуха, как раненый зверь.

И пусть с неподвижных и бронзовых век
Как слезы струится подтаявший снег,

И голубь тюремный пусть гулит вдали,
И тихо идут по Неве корабли.

1940. Март.

Et si l'on s'avise un jour dans ce pays
D'ériger un monument en l'honneur de moi,

Je donne mon accord à cette cérémonie,
Mais à la condition qu'il n'y ait de monument

Ni près de la mer, où je suis née
— Avec elle est rompu le dernier lien que j'avais —

Ni dans le parc des tsars, près de l'arbre sacré,
Où l'ombre inconsolable me cherche encore,

Mais ici, où je restais trois cents heures debout
Sans qu'on ouvrît pour moi les verrous ;

Et même dans la mort bienheureuse, j'ai peur
D'oublier le roulement des noirs fourgons de terreur,

D'oublier comment claquait la porte exécrée,
Et hurlait la vieille, comme une bête blessée.

Que des paupières immobiles, des paupières de bronze
Comme des larmes, ruisselle de la neige fondue,

Que la colombe de la prison roucoule au loin,
Que s'en aillent sur la Néva en silence les bateaux.

Mars 1940.

CET OUVRAGE A ÉTÉ ACHEVÉ D'IMPRIMER LE QUATRE DÉCEMBRE DEUX MILLE QUINZE DANS LES ATELIERS DE NORMANDIE ROTO IMPRESSION S.A.S. À LONRAI (61250) (FRANCE)
N° D'ÉDITEUR : 5868
N° D'IMPRIMEUR : 1504912

Dépôt légal : décembre 2015